奶业高质量发展标准体系研究与应用

（第二部）

· 刘慧敏 郑 楠 主编

中国农业科学技术出版社

图书在版编目（CIP）数据

奶业高质量发展标准体系研究与应用. 第二部 / 刘慧敏，郑楠主编. -- 北京：中国农业科学技术出版社，2023.11

ISBN 978-7-5116-6474-7

Ⅰ.①奶… Ⅱ.①刘…②郑… Ⅲ.①乳品工业-质量管理-研究-中国 Ⅳ.①F426.82

中国国家版本馆 CIP 数据核字（2023）第 199855 号

责任编辑	金　迪
责任校对	贾若妍　李向荣
责任印制	姜义伟　王思文

出 版 者	中国农业科学技术出版社
	北京市中关村南大街 12 号　邮编：100081
电　　话	（010）82106636（编辑室）　（010）82109702（发行部）
	（010）82109709（读者服务部）
传　　真	（010）82106631
网　　址	https://castp.caas.cn
经 销 者	各地新华书店
印 刷 者	北京建宏印刷有限公司
开　　本	185mm×260mm　1/16
印　　张	6　折页 1 面
字　　数	53 千字
版　　次	2023 年 11 月第 1 版　2023 年 11 月第 1 次印刷
定　　价	68.00 元

◆—— 版权所有·翻印必究 ——◆

《奶业高质量发展标准体系研究与应用》
(第二部)
编写人员

顾　　问：王加启

主　　编：刘慧敏　郑　楠

副 主 编：张养东　赵圣国　郝欣雨　赵艳坤

　　　　　孟　璐　屈雪寅

参编人员：(按姓氏笔画排序)

　　　　王　成　王丽芳　苏传友　杨永新

　　　　杨亚新　李　宁　李　珊　李爱军

　　　　迟雪露　张仕琦　张瑞瑞　陈岭军

　　　　陈美庆　贤　歌　周淑萍　郑百芹

　　　　赵慧芬　宫慧姝　郭洪侠　常　嵘

　　　　韩荣伟

关于奶业振兴的几个关键问题

一、奶业振兴成效显著

自 2018 年国务院办公厅颁布《关于推进奶业振兴保障乳品质量安全的意见》（国办发〔2018〕43 号）以来，奶业振兴取得显著成效。

一是生产与消费双增长。

2022 年全国奶类产量约 4 033.8 万吨，比上年增长 6.7%；全国规模以上奶制品制造企业产量 3 118 万吨，增长 2.8%；各类乳制品进口量折合原奶约 1 916.8 万吨，全年奶类消费量 5 934.3 万吨，人均奶类消费 42.0 千克，奶源自给率 68.0%。近年来，奶业呈现生产与消费共同增长的发展态势。

二是养殖方式变化巨大。

2022 年全国良种荷斯坦奶牛存栏超过 600 万头，单产达到 9 吨，与法国（9.05 吨）、瑞士（8.7 吨）等欧洲一些发达国家接近；奶牛存栏 100 头以上规模化养殖比例超过 70%，规模化牧场 100%实现机械化挤奶，95%配备全混合日粮（TMR）搅拌车。

三是质量安全不断提高。

2022 年我国生鲜乳、乳制品抽检合格率分别达到 100%、99.98%，乳脂肪、乳蛋白和菌落总数的抽检平均值分别为 3.70 g/100 g、3.25 g/100 g 和 14.7 万 CFU/mL，体细胞数抽检平均值 23.4 万个/mL；三聚氰胺等违禁添加物抽检合格率连续多年保持 100 %。质量安全整体达到较高水平。

二、对奶业的认识

不同历史发展阶段，奶业发展的目标不同。改革开放初期，主要目标是解决奶类数量短缺的问题，目标是实现**"多产奶"**；2008 年的惨痛教训，推动奶业浴火重生，要解决质量安全问题，目标是实现**"产好奶"**；进入新时代，面向人民生命健康，支撑健康中国战略，目标是实现**"喝好奶"**。

新时代奶业面临的挑战很多，而且众说纷纭，各有道理。比如育种问题、饲草问题、环保问题等。最近还有一种说法，中国奶牛的温室气体排放很严重，这就是笑话了。欧美发达国家奶业产值占到整个农业产值的20%以上，英国占到40%以上，澳新更是以牛羊为主，所以在发达国家，奶牛的温室气体排放确实是农业的优先考虑，近几年研究和呼声较多。国内不明就里，照搬照抄。我国奶业的产值在农业中仅占1.5%左右，与养猪业、养鸡业相比，奶业温室气体排放仅是零头，开展研究和科技储备是必要的，但并不是减少温室气体排放的优先着力点。

雾里看花，关键是抓住本质。奶业的问题，分为战略问题与战术问题。国家应该重点解决战略问题，企业重点解决战术问题。要避免眉毛胡子一把抓，自乱阵脚。

三、我国奶业的四个战略问题

一是着力破解奶业利益联结机制松散的难题。

生产力与生产关系相互作用，历史上，家庭联产承包责任制，就是一次历史性的生产关系调整，极大地解放了生产力。利益联结机制属于生产关系范畴，我国多次出现倒奶杀牛事件，实质反映出生产关系与生产力不协调，牧场与乳品企业之间没有紧密的利益联结机制，奶多时拒收，奶少时抢奶，有合同不执行。由于奶业周期长、投资高，这种产业反复震荡对奶业危害极大。政府和行业协会一直在探讨解决途径，但是基本上都是在事发时才去采取一种命令式或者强迫式的临时性措施，效果并不理想。

中国农业科学院国家奶业科技创新联盟从2016年起，探讨采用"质量分级、产品标识"正向激励的方法，来理顺奶业利益联结机制，先后创新31项全产业链技术标准，创建优质乳工程技术体系，构建"产好奶"—"加工好奶"—"喝好奶"的技术衔接机制，把牧场—加工厂—消费者作为利益共同体联结在一起，在光明乳业试点，已经取得良好效果。

2023年4月22日，国家奶业科技创新联盟在天津召开"奶业高质量发展"论坛，全面推广"质量分级、产品标识"的利益联结机制，以期破解长期困扰我国奶业发展的重大难题。

二是尽快建立奶牛-耕地配套制度。

饲草问题、环保问题和北奶南运问题，本质上都是奶牛

-耕地配套制度缺失。我国长期进口苜蓿干草和燕麦干草，是因为奶牛养殖业的规划与发展没有遵循科学规律。在整个畜牧业中，只有奶牛养殖业与土地结合最紧密，这实际上是奶牛养殖业的最大优势，我们没有遵循这一规律，结果出现了进口依赖、成本升高、竞争力下降、环境污染、地力下降等一系列问题。

我们为什么要保护东北黑土地？黑龙江的黑土地每年粮食产量 1 500 亿斤（1 斤 =500 g），运往全国各地，年复一年，年年如此，但是我们拿什么还回黑土地？

奶牛需要大量饲草，必须就近配置耕地，实现种草—养殖—粪污还田的良性循环，既发展了养殖业，又保护了耕地。尤其是奶牛养殖业需要大量的苜蓿等豆科牧草，豆科牧草具有固氮功能，是改良土壤，保持种植业多样性的结构性要素，意义重大。目前，奶牛养殖主要依赖外部的商品干草，是结构性错误。通过配置土地，奶牛场就可以制作全株玉米青贮饲料和苜蓿青贮饲料，既可以减少豆粕的用量，大幅度降低养殖成本，又能够达到最好的养殖效果。

尽快建立奶牛-耕地配套制度，发挥政策优势，是解决减少饲草进口依赖、降低生产成本、提高牛奶品质和竞争力、减轻环保压力和保护耕地等一系列问题的基础，应该成为一项长期国策。

三是打造奶业现代产业体系。

奶业现代产业体系，包括种群、饲料、养殖、加工、消费，从农场到餐桌，必须是完整的产业链，分工清晰，衔接紧密。

比如，奶牛良种，很多人认为是卡脖子问题。实际上，全国约30%成母牛单产达到10吨以上，近10%成母牛单产达5~12吨，这表明我国高产牛群的数量已经不少，甚至达到一个中等国家全国的数量。我国已建设22家奶牛种公牛站，年产冻精能力达1 500万剂，能够满足需求。但是每年仍然进口冻精700万剂，主要问题不是产能，是竞争力偏弱，市场有更好的选择。

类似的问题还有很多，都是战术问题。真正的战略问题是现代产业体系缺失。奶牛良种，不是孤立育种就能解决的，不能仅仅在实验室完成，必须建设良种基地，使之融入现代产业体系。内蒙古的赛科星公司，奶牛性控精液占到全国的30%。所以，相关科研力量可以集中到内蒙古，依托全产业链，打造良种基地，持之以恒，不断发展，才能形成稳定的良种来源。农业农村部食物与营养发展研究所承担了"十四五"国家重点研发计划项目"奶业全产业链高效优质生产关键技术",目的就是支撑奶业现代产业体系建设与高质量发展。

四是谋划建设奶业战略后备基地。

我国奶业供给的短板还包括乳清粉、奶酪等。这些是经济问题,不是技术问题,因为我们生乳的成本高,生产乳清粉和奶酪的成本更高,没有市场竞争力。国际上,当人均奶类消费量不到 50 kg 时,属于缺奶国家,生产液态奶是最经济、最营养的选择,任何过多的加工,都会造成损失和浪费。我国奶类目前人均消费 42.0 kg,仍然处于以液态奶为主体的阶段。

但是,要有底线思维,为了防止婴幼儿配方奶粉里的乳清粉等原料突然被卡脖子,真正的战略问题是建立奶业战略后备基地,而不是遍地开花,到处搞奶酪生产。国家要选择新疆等西部地区,这些地区有饲草和土地等资源条件发展奶业,但是距离主要消费市场较远,液态奶又不便于长距离运输。国家可以支持这些地区发展奶酪和乳制品精细加工产业,主要生产食用乳清粉、酪蛋白、乳铁蛋白等高附加值产品，既促进地方产业振兴，又补齐了整个国家奶业的短板，消除被卡脖子的隐患。

奶业在经济上不是个大产业，但是我们始终要牢记奶业是一项公益事业，事关每个家庭，尤其是儿童与老人，是民生产业、健康产业。所以，我们科研单位在思考奶业发展的时候，无论是科技研发还是成果转化，都必须把公益性放在首位，都要以促进奶业健康发展为第一使命，其次才是考虑单位能获得多少经济效益，只有这样，才能不迷失科研工作者的方向，做到对国家和民族的担当。

目 录

第一章 奶业基础标准 …………………………………… 1

《奶业通用术语》NY/T 4051—2021 …………………… 3

第二章 奶业全产业链安全控制关键技术 …………… 7

《生牛乳质量安全生产控制技术规范》
　　NY/T 4053—2021 ………………………… 9

《生牛乳菌落总数控制技术规范》
　　NY/T 4052—2021 ………………………… 13

《生牛乳中碘的控制技术规范》
　　NY/T 4055—2021 ………………………… 17

《生牛乳中β-内酰胺类兽药残留控制技术规范》
　　NY/T 4290—2023 ………………………… 21

《生乳中铅的控制技术规范》
　　NY/T 4291—2023 ………………………… 25

《生牛乳中体细胞数控制技术规范》

NY/T 4292—2023 ·············· 28

《奶牛养殖场生乳中病原微生物风险评估技术规范》

NY/T 4293—2023 ·············· 32

第三章 奶业全产业链品质提升关键技术 ·············· 37

《生牛乳质量分级》

NY/T 4054—2021 ·············· 39

《全株玉米青贮质量分级》

T/TDSTIA 025—2021 ·············· 44

《玉米秸秆蒸汽爆破饲料制作技术规范》

T/TDSTIA 024—2021 ·············· 47

《饲料用缓释包被尿素》

T/TDSTIA 030—2022 ·············· 50

《玉米青贮采样方法》

T/TDSTIA 031—2023 ·············· 53

第四章 奶类营养物质检测方法标准 ·············· 57

《奶及奶制品中乳过氧化物酶的测定》

T/TDSTIA 018—2021 ·············· 59

《奶及奶制品中免疫球蛋白 IgG 的测定　高效液

　　相色谱法》T/TDSTIA 020—2021 ………………… 62

《乳粉中维生素 K_2（MK-7）的测定　液相

　　色谱法》T/TDSTIA 022—2021 …………………… 66

《婴幼儿配方乳粉中 α-乳白蛋白、β-乳球蛋白

　　的测定　凝胶渗透色谱法》

　　T/TDSTIA 026—2022 ……………………………… 69

《婴幼儿食品和乳品中骨桥蛋白的测定　高效

　　液相色谱法》T/TDSTIA 028—2022 ……………… 73

《婴幼儿配方乳粉中 7 种母乳低聚糖含量的测定

　　液相色谱-质谱法》T/TDSTIA 032—2023 ………… 77

第一章 奶业基础标准

◆ 奶业通用术语

《奶业通用术语》
NY/T 4051—2021

术语标准是界定特定领域或学科中使用的概念及其定义的标准，是标准体系中的重要基础标准。标准中界定的术语是技术交流的基础，有了被严格定义的术语，人类的科技、生产和贸易活动才成为可能。

一、项目背景

目前，国际乳品联合会（IDF）、国际食品法典委员会（CAC）等国际组织，均对奶业术语及使用要求进行了严格的规定，统一指导全球奶业生产与经济贸易活动，避免奶业术语概念混淆。

我国现有的奶业标准体系中缺少行业通用术语，限制了我国奶业标准与国际标准接轨，影响了我国奶业公平参与国际经济贸易等活动。例如，在中美第一阶段经贸协议中就乳品和婴幼儿配方乳粉方面达成协议，允许产自美国的延长货架期乳进口并在中国作为巴氏杀菌乳销售，就是因为我国延长货架期乳的术语定义标准缺失，一旦协议实施，将严重冲击我国巴氏杀菌乳产业健康发展。

二、本标准的主要创新点

基于此现状，奶业创新团队连续 12 年积累梳理奶业标准，整理完善术语体系，以食品安全国家标准和养殖领域行业标准中的术语为基础，参考现行有效国际标准，研究制订了农业行业标准《奶业通用术语》（NY/T 4051—2021）。

本标准的主要创新点：一是首次系统梳理了奶产品标准，搭建了奶产品标准体系框架，纵向涵盖了奶的生产—奶的加工—乳品产品—安全消费 4 个奶业全产业链关键环节，填补了行业空白；二是研究制定了 103 个优先术语和 36 个许可术语，在奶畜养殖上覆盖了繁殖与育种、饲料与营养、饲养与管理、防疫与保健四大领域，在乳品方面涵盖了巴氏杀菌乳、灭菌乳、调制乳、发酵乳、乳粉和干酪共六大产品系列；三是参考 CAC、IDF 等国际专业组织以及我国食品安全国家标准、农业行业标准等主要内容，拓展部分术语，构建与国际对接的术语标准。

三、标准先进性

本标准的先进性主要体现在：一是在奶畜分类上，将"奶牛总头数"改为"成母牛头数"，厘清了奶畜的分阶段名称；二是完善了高温杀菌乳等产品术语，提高了我国奶业基于国际标准的应用程度，为公平贸易搭建了平等互利的桥梁；三是首次系统梳理加工工艺术语，为制定加工工艺标准奠定基础；四是按照国家法规文件要求及国家对奶业发展的新指导方向，将"优质乳工程"纳入术语。

四、成果应用

《奶业通用术语》制定发布后，已经被广泛应用于奶业科学研究和对外经济贸易等奶业健康发展实践中。

注：《奶业通用术语》
NY/T 4051—2021 标准文本

第二章 奶业全产业链安全控制关键技术

- 生牛乳质量安全生产控制技术规范
- 生牛乳菌落总数控制技术规范
- 生牛乳中碘的控制技术规范
- 生牛乳中 β-内酰胺类兽药残留控制技术规范
- 生乳中铅的控制技术规范
- 生牛乳中体细胞数控制技术规范
- 奶牛养殖场生乳中病原微生物风险评估技术规范

《生牛乳质量安全生产控制技术规范》
NY/T 4053—2021

生牛乳是指从健康的泌乳奶牛乳房中挤出的无任何提取或添加的常乳。《食品安全国家标准 生乳》（GB 19301—2010）对生牛乳的感官要求、理化指标、污染物限量、真菌毒素限量、微生物限量及农兽药残留限量均有明确要求。

一、项目背景

《食品安全国家标准 生乳》自 2010 年公布以来，为我国奶业发展作出了重要贡献。2018 年，《国务院办公厅关于推进奶业振兴保障乳品质量安全的意见》（国办发〔2018〕43 号）明确提出"加强乳品生产全程管控，建立健全养殖……等全过程乳品质量安全追溯体系"。因此，制定与《食品安全国家标准 生乳》相配套的生乳生产技术规范，对引导奶业健康发展具有重要的产业意义。

二、技术难题

生牛乳的质量安全，包括乳脂肪、乳蛋白等营养品质指标和污染物、真菌毒素、微生物及农兽药残留等安全指标。饲料饲草管理、养殖管理、疾病控制等许多方面都会影响生牛乳的质量安全水平。明确各环节的关键控制点，并建立营养品质的综合提升技术，是保障生牛乳质量安全生产的关键技术难题。目前，国内尚无与《食品安全国家标准　生乳》相配套的生牛乳质量安全过程控制技术规范。

三、本标准的主要创新点

基于此现状，奶业创新团队连续多年围绕生牛乳生产技术开展科研攻关，收集整理国内外 30 余个相关技术规范，综合我国 61 个乳品企业 260 余个牧场的管理办法和实践经验，立足于感官、理化指标、污染物、真菌毒素、微生物限量、农药和兽药残留七大类参数，提出了明确的技术要求，研究制定了团体标准《优质生乳生产与牧场管理技术规范》（T/TDSTIA 010—2019），并以此为基础，进一步完善升级为农业行业标准《生牛乳质量安全生产控制技术规范》（NY/T 4053—2021）。

本标准的主要创新点：一是首次从养殖环境、从业人员、奶畜健康、水源、饲料与营养五大环节，系统梳理了环境卫生、人员健康、人员卫生、奶畜健康、水源质量、贮奶间、设备设施、饲料原料、饲料添加剂、热应激管理、污染物管理、饮用水管理、饲料原料水分含量、药浴杯、药浴液、贮奶罐、休药期等 80 余个关键控制点，实现对感官要求、理化指标、污染物、真菌毒素、微生物、体细胞、农兽药残留限量 8 类关键参数的全过程控制；二是首次建立奶缸探伤排查技术，解决了奶缸渗漏造成的污染隐患，对奶管、奶水分离器、奶缸、盛气筒卫生排查，解决了微生物及其毒素对生乳污染的隐患；三是在《食品安全国家标准 生乳》（GB 19301—2010）要求基础上，进一步增加了对生乳中体细胞数的控制要求，提出了制定挤奶程序与设备维护保养计划、建立个体泌乳奶牛的隐性乳房炎和临床乳房炎揭发制度、奶牛淘汰隔离等技术建议，为生牛乳安全生产提供了重要的技术支撑。

四、成果应用

本标准的技术内容于 2017 年起，累计在全国 28 个省 71 家企业推广应用。应用该技术内容的企业，其生牛乳中乳脂肪含量超过 3.4 g/100 g，蛋白质含量超过 3.1 g/100 g，菌落

总数低于 5.0×10^4 CFU/mL,体细胞数低于 3.0×10^5 个/mL,达到了农业行业标准《生牛乳质量分级》(NY/T 4052—2021)中"特优级"水平。该标准的制定和发布,解决了我国长期缺乏与生乳产品标准相对应的控制技术规范难题,将为指导我国奶业高质量发展、提升企业竞争力发挥重要作用。

注:《生牛乳质量安全生产控制技术规范》

NY/T 4053—2021 标准文本

《生牛乳菌落总数控制技术规范》 NY/T 4052—2021

菌落总数是世界各国生牛乳质量安全控制的主要指标之一，可反映生牛乳在生产过程中奶牛的健康状况、牧场卫生条件和冷链运输质量控制状况。我国现行有效《食品安全国家标准 生乳》（GB 19301—2010）明确规定生牛乳中菌落总数限量为200万 CFU/mL。

一、项目背景

随着我国牧场生产管理水平不断提高，生牛乳中菌落总数有了明显改善。从近几年监测结果看，我国生牛乳中菌落总数平均值显著降低，从2018年的29.5万 CFU/mL 降至2021年的21.4万 CFU/mL。但各地区各牧场间生牛乳中菌落总数含量差异仍然较大，生牛乳中菌落总数含量从300 CFU/mL 到190万 CFU/mL 不等，菌落总数水平稳定性较差，存在一定风险隐患。

二、技术难题

奶牛养殖场环境复杂,牛舍状况、饲养管理、疾病预防等多方面因素都可能导致生乳中细菌污染,造成生牛乳中菌落总数超标。明确主要污染环节及各环节的关键控制点,并建立综合防控技术,是保障生牛乳质量安全生产的关键技术难题。目前,国内尚无有效的生乳中菌落总数控制技术规范。

三、本标准的主要创新点

基于此现状,奶业创新团队围绕菌落总数控制技术开展科研攻关,研究制定了团体标准《生乳中菌落总数控制技术规范》(T/TDSTIA 013—2019),并在此基础上,进一步完善升级为农业行业标准《生牛乳菌落总数控制技术规范》(NY/T 4052—2021)。

本标准的主要创新点:一是系统梳理了饲养—挤奶—贮运—监测—纠偏—核实—记录 7 个主要环节,排查确定了饲料、饮用水、环境卫生、奶牛健康、挤奶场所、挤奶设备、药浴、贮奶罐、贮存温度、时间、人员健康等 11 个关键控制点，实现了菌落总数的全过程防控；二是对生乳贮存条件提出了明确要求，运输过程温度应控制在 0~6℃，36 h 内应运抵乳品加工企业；三是创新提出了生牛乳中菌落总数的纠偏和核实措施，明确当生牛乳中菌落总数超过 40 万 CFU/mL 时，应从上述主要环节及关键控制点进行实施纠偏措施，直至连续 3 天生牛乳中菌落总数不超过 40 万 CFU/mL。

四、成果应用

本标准的技术内容于 2013 年起在国家奶业科技创新联盟企业内部示范应用，通过优质乳工程验收的联盟企业生产的生牛乳中菌落总数稳定低于 5 万 CFU/mL，达到了《生牛乳质量分级》（NY/T 4054—2021）中"特优级"生乳要求。2021 年该技术进一步推广至全国。2022 年，农业农村部对 158 批次生牛乳样品进行监测，菌落总数平均值为 14.7 万 CFU/mL，同比降低约 30%。

注：《生牛乳菌落总数控制技术规范》

NY/T 4052—2021 标准文本

《生牛乳中碘的控制技术规范》
NY/T 4055—2021

碘是人体必需微量元素之一，有"智力元素"之称，健康成人体内碘总量为 20~50 mg。《食品安全国家标准 婴儿配方食品》（GB 10765—2021）和《食品安全国家标准 较大婴儿配方食品》（GB 10766—2021）中规定 0~6 月龄、6~12 月龄婴儿食用的配方食品中，碘含量应为 3.6~14.1 μg/100 kJ。《食品安全国家标准 幼儿配方食品》（GB 10767—2021）中规定 12~36 月龄幼儿食用的配方食品中，碘含量应为 1.4~14.1 μg/100 kJ。

一、产业难题

生乳作为生产原料，其碘含量可能直接影响到奶及奶制品中碘的含量。特别是婴幼儿对于碘含量较为敏感。2005 年国际某知名企业曾发生过乳粉产品碘含量超标事件，正是由于生乳原料中天然存在的碘含量存在波动而引起。因此，控制生牛乳中碘含量对于全面保障奶制品质量安全具有十分重要的意义。

二、技术难题

影响生牛乳中碘含量的因素有很多，饲料、饮用水和含碘药浴等均会增加碘在生牛乳中的暴露风险，导致生牛乳中碘含量升高，从而影响婴幼儿配方食品等产品质量安全。因此，探明饲料、饮用水和含碘药浴到生牛乳中碘的传递转化规律是制约生牛乳中碘含量有效控制的关键技术难题，对促进行业健康发展具有十分重要的现实意义。

三、本标准的主要创新点

基于此现状，奶业创新团队围绕碘含量传递转移规律及控制技术开展科研攻关，研究制定了《生牛乳中碘的控制技术规范》（NY/T 4055—2021）。

本标准的主要创新点：一是系统排查确定了饮用水、药浴液、药浴流程、消毒剂、人员操作、碘含量监测、纠偏核实措施七大关键控制点；二是通过开展饲料、饮用水及药浴液中碘向生牛乳中的转化规律研究，提出了全混合日粮中碘含量应低于 5 mg/kg（以 88% 干物质为基础计算），饮用水中碘含量宜低于 0.10 mg/L 等限量要求；三是提出当生牛乳中碘含量超过 0.352 mg/kg 时，应开展纠偏和核实措施，为实现生牛乳中碘的全过程防控提供了技术支撑。

四、成果应用

2021 年，本标准的技术内容在河北 3 个养殖场进行了连续 12 个月数据验证，有效控制了生牛乳中碘的含量（图 1）。

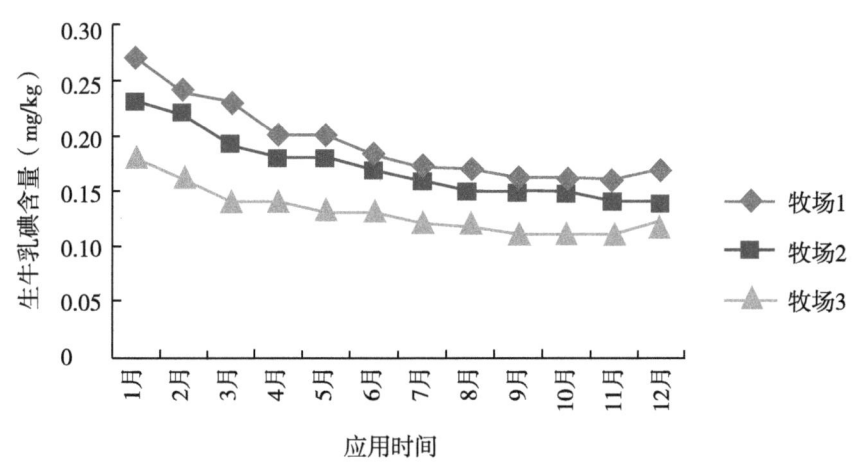

图 1　应用技术后牧场生牛乳中碘含量控制结果

注：《生牛乳中碘的控制技术规范》

NY/T 4055—2021 标准文本

《生牛乳中β-内酰胺类兽药残留控制技术规范》NY/T 4290—2023

β-内酰胺类药物是指结构中含有β-内酰胺环的一大类抗生素，其中青霉素类和头孢菌素类药物在兽医临床应用最为广泛。《食品安全国家标准 食品中兽药最大残留限量》（GB 31650—2019）对生乳中β-内酰胺类兽药残留的最大限量值做了明确规定。

一、产业难题

2021年农业农村部发布《全国兽用抗菌药使用减量化行动方案（2021—2025年）》，明确要求减量使用抗菌药，建立兽药安全使用管理制度，规范科学用药，确保肉蛋奶兽药残留合格率98%以上。2001—2022年农业农村部发布的《动物性产品兽药残留监控计划》中，均将生乳中β-内酰胺类兽药残留列为首个必检指标。作为奶牛场使用频次最高，生乳中最易残留的抗菌药物，控制了β-内酰胺类兽药，就能够最大程度避免生牛乳中的兽药残留风险。

二、技术难题

美国、CAC、欧盟等发达国家、地区或组织已经制定了完善的兽药残留防控技术规范。我国的食品安全国家标准 GB 31650、GB 31650.1 和农业农村部 250 号公告仅对部分 β-内酰胺类兽药在生牛乳中最大残留限量和弃奶期作了相关规定，尚无 β-内酰胺类兽药残留的全过程控制技术规范。

β-内酰胺类兽药残留隐患可能来源于兽药购买、存放、使用，以及挤奶、采样、检测、奶牛及设备处置等生牛乳生产的各个环节。因此，明确其关键控制点并制定有效的防控技术，是制约生牛乳 β-内酰胺类兽药残留控制的关键技术难题。

三、本标准的主要创新点

基于此现状，奶业创新团队依托农业农村部奶产品质量安全风险评估重大专项，围绕 β-内酰胺类兽药残留防控技术开展科研攻关，研究制定了团体标准《生乳中 β-内酰胺类兽药残留控制技术规范》（T/TDSTIA 016—2019），并以此为基础，进一步完善升级为农业行业标准《生牛乳中β-内酰胺类兽药残留控制技术规范》（NY/T 4290—2023）。

本标准的主要创新点：一是基于连续5年在全国1 080家奶牛养殖场开展的兽药使用调研结果，明确了兽药管理环节、牛只处置环节、生乳处置环节、设备处置环节、采样环节、检测环节6个关键控制点；二是基于储存条件对β-内酰胺类兽药有效期的影响、泌乳期和干奶期所用β-内酰胺类兽药弃奶期比对、生乳中病原菌流行性和耐药性、不同用药方式对生乳中兽药残留影响、弃奶期生乳接触设备清洗等研究结果，针对每个关键环节制定有效控制措施；三是为方便奶牛场准确掌握残留情况，提出了生乳样品采集方法及兽药残留快检产品的选择方法；四是依据GB 31650等最大残留限量要求，进一步明确了纠偏—核实的技术措施，为实现生牛乳中β-内酰胺类兽药残留的全过程防控提供了有效的技术支撑。

四、成果应用

该标准的技术内容在全国范围内多家牧场开展示范应用，对β-内酰胺类兽药的管理控制、用药奶牛的生牛乳控制、贮奶罐中的生牛乳控制、采样与检测、纠偏、核实及记录等环节进行了跟踪验证。验证结果表明，应用本技术的牧场生牛乳中均未发生 β-内酰胺类兽药残留检出事件。

注：《生牛乳中 β-内酰胺类兽药残留控制技术规范》

NY/T 4290—2023 标准文本

《生乳中铅的控制技术规范》
NY/T 4291—2023

铅被世界卫生组织认为是潜在的致癌物质之一，其毒性在6类重金属污染物中居首位。2010年联合国粮食及农业组织（FAO）/世界卫生组织（WHO）食品添加剂联合专家委员会（JECFA）取消了铅的暂定每周耐受摄入量（PTWI），建议成员国努力降低食物中铅的含量，以保障本国居民健康。

一、产业难题

生乳作为奶及奶制品的生产原料，其铅含量会直接影响奶及奶制品中铅的含量。《食品安全国家标准 食品中污染物限量》（GB 2762—2022）中将奶及奶制品相关铅限量进行了全面下调：生乳、巴氏杀菌乳、灭菌乳由 0.05 mg/kg 下调至 0.02 mg/kg，调制乳、发酵乳由 0.05 mg/kg 下调至 0.04 mg/kg，婴幼儿配方食品由 0.15 mg/kg 下调至 0.08 mg/kg。因此，实现生乳中铅的全面控制对于保障奶及奶制品质量安全具有十分重要的意义。

二、技术难题

铅污染可能来源于生乳生产的各个环节，饲料、水等投入品、生产环境、饲养管理等均可能会影响铅污染水平。此外，生乳在采集、运输、加工过程中也存在偶然污染的情况。因此，确定生乳中铅的主要污染来源，并明确各环节关键控制点，是制定生乳中铅控制技术规范的关键技术难题。

三、本标准的主要创新点

基于此现状，奶业创新团队依托国家奶产品质量安全风险评估重大专项，连续10年围绕生乳中铅的防控技术开展科研攻关，研究制定了团体标准《生乳中铅控制技术规范》（T/TDSTIA 015—2019），并在此基础上，进一步完善升级为农业行业标准《生乳中铅的控制技术规范》（NY/T 4291—2023）。

本标准的主要创新点：一是梳理确定了奶畜养殖环境、投入品、挤乳、贮运 4 个重要环节，及养殖环境、奶畜饮用水、奶畜饲料、用具材质、消毒剂、清洁用水、贮运容器等 9 个关键控制点；二是明确提出了奶畜全混合日粮中铅含量（以干物质计）应小于或等于 5 mg/kg，消毒剂铅含量应小于或等于 30 mg/kg，洗涤剂铅含量应小于或等于 100 mg/kg，清洁用水铅含量应小于 0.01 mg/L；三是创新提出了生乳中铅含量的纠偏和核实措施，为铅污染的过程控制提供了技术指导。

四、成果应用

本标准的发布与实施，有效降低了生乳中铅含量的污染水平。2022 年，农业农村部对 2 397 批次生鲜乳样品进行监测，铅含量合格率达到 100%。

注：《生乳中铅的控制技术规范》
NY/T 4291—2023 标准文本

《生牛乳中体细胞数控制技术规范》
NY/T 4292—2023

体细胞数指每毫升生乳中的体细胞总数，是判断奶牛乳房炎感染情况和衡量生乳质量安全的重要指标。美国、加拿大、欧盟及澳新等许多奶业发达国家和地区均制定了生牛乳中体细胞数限量要求，分别为≤75万个/mL、≤50万个/mL、≤40万个/mL 和≤40万个/mL。我国农业行业标准《生牛乳质量分级》（NY/T 4054—2021）中提出，"特优级"生牛乳、"优级"生牛乳中体细胞数限量分别为≤30万个/mL 和≤40万个/mL。

一、产业难题

生乳中体细胞数与奶牛产奶量呈极显著负相关，且体细胞数升高会使生乳中乳糖、酪蛋白、乳脂肪等成分含量下降，缩短生乳保质期，并对加工后的奶制品产量、质量、风味等方面产生不良影响。

目前，我国奶牛养殖整体水平逐渐提高，但仍有部分牧场生乳中体细胞数偏高，导致生乳质量达不到乳品加工企业收购要求的现象时有发生。据2020—2021年监测结果显示，有超过10%的生乳中体细胞数超过40万个/mL。因此，建立生牛乳中体细胞数防控技术规范，对于保障生牛乳的生产及乳制品供应，促进奶业的可持续健康发展具有重要的生产实践意义。

二、技术难题

影响生牛乳中体细胞数的因素有很多，乳房炎感染、胎次泌乳期的增加、高温高湿等季节变化、乳房清洁度、挤奶设备和挤奶程序等都可能会造成生牛乳中体细胞数增加，从而影响乳品质量安全。如何从各生产环节中确定关键控制点，并制定科学合理的技术措施，是实现体细胞数有效防控的重要技术难题。

三、本标准的主要创新点

基于此现状，奶业创新团队依托国家奶产品质量安全风险评估重大专项，连续十年围绕生牛乳中体细胞数控制技术开展科研攻关，梳理了美国、IDF 等奶业发达国家和组织的相关技术规范，调研了我国 100 多家奶牛养殖场生产情况和乳品加工企业的实际情况，研究制定了团体标准《生乳中体细胞数控制技术规范》（T/TDSTIA 014—2019），并在此基础上，进一步完善升级为农业行业标准《生牛乳中体细胞数控制技术规范》（NY/T 4292—2023）。

本标准的主要创新点：一是明确了饲养管理、挤奶环节管理、牛体健康管理、环境管理 4 个关键环节，以及饲料营养、干奶期奶牛、泌乳期奶牛、挤奶系统检查及维护、挤奶过程、奶牛乳头末端健康、乳房清洁度、肢蹄清洁度、环境卫生、应激防控 10 个关键控制点；二是为了降低干奶期和泌乳期奶牛乳房炎发病率，提出干奶期和泌乳期奶牛日粮宜补饲不低于 1 000 IU/d 的维生素 E 和 0.35~0.40 mg/kg 的硒（以干物质计）；三是围绕牛体健康管理，建立奶牛乳头末端健康评分表、乳房清洁度评分表和肢蹄清洁度评分表；四是提出当奶罐乳中体细胞数超过 40 万个/mL 时，应启动纠偏—核实的技术措施，以实现生乳中体细胞数的有效防控。

四、成果应用

本标准的技术内容于 2013 年起在国家奶业科技创新联

盟企业内部示范应用，2021年进一步推广至全国。2022年，农业农村部对158批次生牛乳样品进行监测，体细胞数平均值为23.4万个/mL，同比降低约6个百分点，低于欧盟、新西兰和美国标准。

注：《生牛乳中体细胞数控制技术规范》

NY/T 4292—2023 标准文本

《奶牛养殖场生乳中病原微生物风险评估技术规范》NY/T 4293—2023

2020年10月17日，十三届全国人大常委会通过了《中华人民共和国生物安全法》，明确提出应依法建立生物安全标准、生物安全风险监测预警、生物安全风险调查评估等制度。生物安全已被提到保护人民健康、保障国家长治久安的重要高度。

一、产业难题

近年来，许多国家的食物传染疾病、食源性疾病的发生率一直居高不下，其原因大多与食物中污染病原微生物有关。国内外也曾发生过感染布病等人畜共患病的生物安全事件。许多国际组织和发达国家均制定了微生物风险评估相关技术规范，但是我国尚无适合奶牛养殖场生乳中病原微生物的风险评估技术规范。

二、技术难题

奶牛养殖场环境复杂，微生物污染风险较高，是牛奶质量安全隐患控制的关键点。针对我国奶牛养殖场病原微生物开展安全监测和风险评估具有重要意义。如何科学开展危害识别、设定风险因子、确定风险等级，是制约我国奶牛养殖场病原微生物风险评估的核心技术难题。

三、本标准的主要创新点

基于此现状，奶业创新团队依托国家奶产品质量安全风险评估重大专项，连续10年围绕奶及奶制品开展风险评估，利用奶牛致病性微生物种类、卫生状况和挤奶操作等多维度评价模型，研究制定了团体标准《奶牛养殖场生乳中微生物风险评估技术规范》（T/TDSTIA 023—2021），并在此基础上，进一步完善升级为农业行业标准《奶牛养殖场生乳中病原微生物风险评估技术规范》（NY/T 4293—2023）。

本标准的主要创新点：一是系统梳理了WHO/FAO、CAC、世界卫生组织微生物风险评估专家联席会议

(JEMRA)、欧洲食品安全局（EFSA）和澳新食品标准局（FSANZ）等国际组织及美国、加拿大、新西兰等发达国家和组织微生物风险评估和控制的相关文件和程序，调研了全国 300 余家奶牛养殖场生乳中的病原微生物状况，明确了牛种布鲁氏菌、牛型结核分枝杆菌等 10 种风险评估对象；二是确立了危害识别、风险监测、风险分级和记录 4 个关键环节，提出了每个关键环节的重要技术要点；三是结合调研、监测结果，从兽医卫生、卫生防疫、防控治疗 3 个方面制定奶牛养殖场生乳微生物风险因子，并将 21 条风险因子划分为高风险因子 6 条、中风险因子 8 条和低风险因子 7 条。

四、成果应用

本标准的制定将为科学评估奶牛养殖场生乳病原微生物的潜在风险，推动我国奶产品质量安全管理由事后控制转向事前防范、由经验主义转向科学判定，从根本上为保障我国奶牛健康养殖、提升乳制品质量安全、促进奶业高质量发展发挥重要作用。

第二章 奶业全产业链安全控制关键技术

注:《奶牛养殖场生乳中病原微生物风险评估技术规范》
NY/T 4293—2023 标准文本

第三章 奶业全产业链品质提升关键技术

- 生牛乳质量分级
- 全株玉米青贮质量分级
- 玉米秸秆蒸汽爆破饲料制作技术规范
- 饲料用缓释包被尿素
- 玉米青贮采样方法

《生牛乳质量分级》
NY/T 4054—2021

2018年,《国务院办公厅关于推进奶业振兴保障乳品质量安全的意见》（国办发〔2018〕43号）明确提出：健全法规标准体系，要建立生鲜乳质量分级体系，引导优质优价。2019年，国家发展和改革委员会、国家市场监督管理总局等7部门印发《国家质量兴农战略规划（2018—2022年）》，重点强调"加快推进农产品按规格品质分级整理……提升农产品分等分级……等能力"。2020年，中央一号文件《中共中央　国务院关于抓好"三农"领域重点工作确保如期实现小康的意见》，再次强调"加强农产品……分级布局和标准制定"。

一、项目背景

长期以来，我国缺乏原料奶质量分级评价体系，好奶没有被区别对待也卖不出好价格，导致加工和养殖者利益分配长期存在矛盾，并且严重损害了消费者的知情权。因此，如何建立原料奶质量评价体系，是奶业健康发展亟须解决的关键问题之一。如何根据乳脂率、乳蛋白率、菌落总数和体细胞数 4 项指标科学合理划分生乳质量等级是关键的核心技术难题。

二、本标准的主要创新点

基于此现状，奶业创新团队连续多年围绕生牛乳质量分级开展科研攻关，研究制订了团体标准《生乳用途分级技术规范》（T/TDSTIA 001—2019），并以此为基础，进一步加大示范应用，完善升级为农业行业标准《生牛乳质量分级》（NY/T 4054—2021）。

本标准的主要创新点：一是从 2005 年起，依托全国复原乳监测计划、全国生鲜乳监测计划和国家奶产品风险评估专项，构建了奶产品质量安全与营养功能评价数据库，积累 230 余万条数据，为质量分级提供了客观真实依据；二是参考国内外生乳相关分级标准，通过对我国生乳质量安全与营养品质数据库进行大数据分析，明确了脂肪、蛋白质、菌落总数和体细胞数作为生牛乳质量分级的关键指标；三是根据脂肪、蛋白质、菌落总数和体细胞数 4 个关键指标，将生乳分级为特优级、优级和合格级。特优级生乳脂肪含量 ≥3.4

g/100 g，蛋白质含量≥3.1 g/100 g，菌落总数≤5.0×10^4 CFU/mL，体细胞数≤3.0×10^5 个/mL。优级生乳脂肪含量≥3.3 g/100 g，蛋白质含量≥3.0 g/100 g，菌落总数≤1.0×10^5 CFU/mL，体细胞数≤4.0×10^5 个/mL。

三、标准先进性

本标准的先进性主要体现在：一是与现行有效《食品安全国家标准 生乳》（GB 19301—2010）相比，增加了生牛乳中体细胞数≤4×10^5 个/mL 的限量要求，明确了体细胞数在衡量奶牛乳腺健康和评价奶品质的重要性，本标准特优级生乳中体细胞数≤3.0×10^5 个/mL，优于美国 PMO 中≤7.5×10^5 个/mL 及欧盟、新西兰和加拿大≤4×10^5 个/mL 的限量要求；二是本标准的特优级生乳对标澳大利亚和新西兰标准，优级生乳对标欧盟标准。

四、成果应用

本标准的技术内容，依托国家奶业科技创新联盟已在全国 28 个省份 71 家企业推广应用。光明乳业应用本技术后，在全国牧场奶价低迷状况下,上海光明与上海奶协达成协议实施优质乳工程,优质生乳每千克上涨0.15元,每头泌乳牛增收864元/年。正向引导生乳质量分级,实现了奶农与乳制品加工企业利益均衡、双赢可持续发展。

2023年1月,天津海河乳业有限公司实施全产业链技术协同优质乳工程,牧场生产"特优级"生乳,1 000头的成母牛牧场每年增收53万元,真正实现了标准促进产业增收的发展局面。同年,国家批准优质乳工程开展认证和标志使用管理,开创奶业高质量发展的新局面。天津海河乳业有限公司作为首个通过"特优级生乳原料"认证的企业,创建了养殖—加工—消费三位一体的利益联结共同体,引领中国奶业高质量发展(图1)。

图1 中优乳认证标识

该标准的制定和发布,为指导我国奶业高质量发展、支撑政府决策、提升企业竞争力、引导公众科学消费发挥重要作用。

第三章 奶业全产业链品质提升关键技术

注：《生牛乳质量分级》
NY/T 4054—2021 标准文本

《全株玉米青贮质量分级》
T/TDSTIA 025—2021

饲料原料分等分级是指将不同质量的饲料原料按照质量标准进行归类和分级。明确的质量分级能够有效反映饲料产品质量，指导全株玉米青贮产品优质优价和引导生产者改进方法，生产更优质的产品。

一、项目背景

全株玉米青贮饲料作为反刍动物的主要粗饲料，其质量状况关乎畜牧业的稳定与安全。2017年农业部印发《粮改饲工作实施方案》，提到我国粮改饲面积为1 000万亩，产量3 000万吨。随着粮改饲快速推进，如何保证青贮饲料优质优价，落实粮改饲中以质量为目标要求，是制约产业发展的重要命题。制订配套的分级规范，对于实施全株玉米青贮按质论价，引导粮改饲过程中既保量、更保质，最终引导整个畜牧生产向优质发展，具有重要意义。

二、本标准的主要创新点

基于此现状，奶业创新团队连续多年围绕全株玉米青贮分级技术开展科研攻关，研究制定了《全株玉米青贮质量分级》（T/TDSTIA 025—2021）团体标准。本标准的主要技术创新点：一是基于全株玉米青贮质量安全与营养功能评价数据库，形成了发酵性状、物理性状和营养性状3类关键分级指标；二是根据3类11个关键分级指标，将全株玉米青贮分为特级、一级和二级；三是在国内率先将7 h 淀粉消化率、中性洗涤纤维30 h 消化率等发酵指标作为分级依据；四是将反映青贮玉米收割留茬高度、影响适口性的关键指标灰分纳入质量分级依据。

三、标准先进性

目前国家标准《青贮玉米品质分级》（GB/T 25882—2010）仅依据中性洗涤纤维、酸性洗涤纤维、淀粉和粗蛋白质4个指标将青贮玉米分为一级、二级和三级。本标准中，增加了发酵性状、物理性状、7 h 淀粉消化率、中性洗涤纤维 30 h 消化率和灰分参与质量分级，指标设置更为科学合理。另外，分级指标数值优于国标，国标中规定一级产品中性洗涤纤维≤45%，酸性洗涤纤维≤23%，淀粉≥25%，蛋白≥7%。本标准中特级产品中性洗涤纤维≤40%，淀粉≥30%，一级产品中性洗涤纤维>40%、25%≤淀粉<30%，达到领先水平。

四、成果应用

该标准的技术内容，已依托国家奶业科技创新联盟在实施优质乳工程的奶牛养殖场全株玉米青贮质量评价和分级中推广应用。2021—2023年，优质乳工程企业全株玉米青贮品质逐年提高，推动了全株玉米青贮由数量向质量的转变。

注：《全株玉米青贮质量分级》
T/TDSTIA 025—2021 标准文本

《玉米秸秆蒸汽爆破饲料制作技术规范》
T/TDSTIA 024—2021

蒸汽爆破技术作为近些年新兴的纤维处理技术，其技术原理是将蒸汽分子渗进植物组织内部，然后瞬时释放完毕，使蒸汽内能转化为机械能，作用于植物组织细胞层间，破坏纤维结构并释放营养物质，具有时间短、成本低、无污染、效果好等技术优点。

一、产业难题

我国玉米秸秆资源丰富，但饲料化率偏低，因此大力发展玉米秸秆的饲料化，对于节粮畜牧业、绿色环境和粮食安全均有重要意义。我国秸秆年产量约9亿吨，但因秸秆饲料消化率偏低，严重制约了我国秸秆饲料的综合利用率。

二、技术难题

2021年10月，农业农村部、国家发展和改革委员会联合印发了《秸秆综合利用技术目录（2021）》，明确将蒸汽爆破技术作为 30 项利用技术之一，但国内外尚无关于玉米秸秆蒸汽爆破饲料的制作技术规范，已经成为制约玉米秸秆高效利用的关键技术难题。

三、本标准的主要创新点

基于此现状，奶业创新团队联合优势力量，围绕蒸汽爆破技术开展科研攻关，研究制定了团体标准《玉米秸秆蒸汽爆破饲料制作技术规范》（T/TDSTIA 024—2021）。

本标准规定了玉米秸秆蒸汽爆破处理过程中涉及的术语和定义、玉米秸秆原料选择、蒸汽爆破处理、干燥处理、蒸汽爆破玉米秸秆饲料质量要求、检测方法、检验规则、贮存和运输等内容。

本标准的主要创新点：一是明确了影响蒸汽爆破处理效率的关键参数为蒸汽压力、保压时间和加水比例；二是通过响应面实验，确定了上述 3 个关键指标的参数范围，明确原料加水比例需在 10%~20% 范围内、压力需保持在 1.2~1.8 MPa 范围内、保压时间需在 90~200 s 范围内；三是首次提出了蒸汽爆破率指标及其测定方式，用于评价蒸汽爆破工艺和蒸汽爆破后饲料质量，保证了秸秆饲料消化率的提升。

四、成果应用

该标准的制定，填补了我国秸秆蒸汽爆破技术标准空白，有利于引领秸秆饲料化高效利用，为草食畜牧业高质量发展、农业绿色发展和环境碳减排提供了重要的技术支撑。

注：《玉米秸秆蒸汽爆破饲料制作技术规范》

T/TDSTIA 024—2021 标准文本

《饲料用缓释包被尿素》
T/TDSTIA 030—2022

缓释尿素是一种提高尿素氮利用率、维持动物健康和促进动物生产性能的重要饲料。缓释包被尿素由于其尿素氮浓度高、缓释效果好、可控性强，在反刍动物饲料中应用效果好，是未来的发展趋势。

一、产业难题

尿素作为一种营养素，对动物和人体均安全，被列入我国首批饲料添加剂品种目录。我国尿素利用率偏低，导致国内奶牛尿素使用动力不足。尿素缓释技术可提高尿素氮利用率。目前，我国已初步形成了一定规模的缓释包被尿素产品市场，但产品鱼龙混杂、质量参差不齐，影响饲料用缓释包被尿素产品高质量发展，也会影响尿素使用效果和养殖效益。因此，开发饲料用缓释尿素标准，将有助于提高缓释包被尿素产品质量，促进反刍动物养殖效益提升。

二、技术难题

缓释包被尿素主要在奶牛瘤胃中发生作用,其质量与作用效果受多方面因素影响。如何合理选择评价指标,科学评估尿素释放效果和产品质量,是饲料用缓释包被尿素亟待解决的关键技术难题,对规范饲料用缓释包被尿素产品市场,促进行业健康发展具有十分重要的现实意义。

三、本标准的主要创新点

基于此现状,奶业创新团队围绕饲料用缓释包被尿素开展科研攻关,研究制定了团体标准《饲料用缓释包被尿素》(T/TDSTIA 030—2022)。

本标准的主要创新点:一是首次提出了1 h尿素释放率和平均抗压碎力2个关键指标。1 h尿素释放率是影响尿素缓释的重要因素,当1 h尿素释放率超过45%时,会显著降低尿素氮的利用率。包被尿素受瘤胃蠕动和饲料挤压影响,易被挤碎而释放尿素,因此平均抗压碎力也是影响尿素释放率的重要因素;二是通过建立体外与体内1 h尿素释放率拟合曲线，设置 1 h 尿素释放率≤45%；三是开展平均抗压碎力与尿素释放率相关性分析，综合考虑产品的实测值和体内尿素释放效果，将缓释包被尿素的平均抗压碎力指标设置为≥5 N。

四、成果应用

本标准的技术内容已经在国内多家企业开展示范应用，有效弥补了缓释包被尿素领域的产品标准空白，规范了饲料用缓释包被尿素产品市场的宣传用语，避免了用普通尿素冒充缓释包被尿素的现象。

注：《饲料用缓释包被尿素》
T/TDSTIA 030—2022 标准文本

《玉米青贮采样方法》
T/TDSTIA 031—2023

青贮玉米是把包括玉米穗在内的玉米植株全部收割下来，经过切碎、加工后用发酵的方法制作成青贮饲料的玉米，用来冬天饲喂牛、羊等牲畜。具有产量高、营养丰富、能提高适口性和消化率，便于长期、大量贮存等特点。

一、产业难题

随着我国畜牧业的快速发展和"粮改饲"项目的推进实施，玉米青贮在畜牧业中的作用越来越大。玉米青贮作为反刍动物的主要粗饲料，其数量、质量与安全关乎畜牧业发展水平。代表性样品是检测玉米青贮质量和安全的先决条件和关键步骤。没有代表性样品，检测出来的质量和安全结果的可靠性无从谈起。

二、技术难题

玉米青贮的储存形式主要包括窖储和裹包储存2种。对于窖储，由于高度较高，窖面宽度较大，难以完全按照国家标准和行业标准方法取到代表性样品。因此，考虑窖储采样实际需求，制定操作性强、风险低的玉米青贮采样方法，是亟待解决的技术难题。

三、本标准的主要创新点

基于此现状，奶业创新团队组织专家团队围绕玉米青贮采样方法开展科学研究，制定了团体标准《玉米青贮采样方法》（T/TDSTIA 031—2023）。

本标准的主要创新点：一是建立了裹包玉米青贮和青贮窖玉米青贮采样方法，尤其针对窖储玉米青贮窖面宽度大、高度高，采集具代表性的样品难度大等问题，增加了操作性强、风险低的采样方法；二是针对玉米青贮样品易变质的问题，从采样人员、工具、样品的包装、运输和贮存等多个环节梳理提出了关键控制技术要点，明确提出了采样时人员应戴口罩和一次性手套，采样工具应不影响样品的特性，保证清洁、干燥、无污染；三是对样品的运输和贮存条件进行了规定，要求样品存放于阴凉、干燥的地方。冷藏储存时间不超过7天，冷冻留样时储藏时间不超过6个月。

四、成果应用

本标准的技术内容在国家奶业科技创新联盟内部优质乳工程企业开展示范应用,为奶牛场评价玉米青贮营养成分和质量安全状况提供了操作性强、风险性低的玉米青贮采样方法。

注:《玉米青贮采样方法》
T/TDSTIA 031—2023 标准文本

第四章 奶类营养物质检测方法标准

- 奶及奶制品中乳过氧化物酶的测定
- 奶及奶制品中免疫球蛋白 IgG 的测定 高效液相色谱法
- 乳粉中维生素 K_2（MK-7）的测定 液相色谱法
- 婴幼儿配方乳粉中 α-乳白蛋白、β-乳球蛋白的测定 凝胶渗透色谱法
- 婴幼儿食品和乳品中骨桥蛋白的测定 高效液相色谱法
- 婴幼儿配方乳粉中 7 种母乳低聚糖含量的测定 液相色谱-质谱法

《奶及奶制品中乳过氧化物酶的测定》
T/TDSTIA 018—2021

乳过氧化物酶（lactoperoxidase，LPO）由1条多肽链构成，包括612个氨基酸残基和15个半胱氨酸残基，分子量约78 kDa，是牛乳中含量最丰富的酶之一，存在于迄今为止已经检测过的所有哺乳动物乳中，在机体防御体系中发挥重要作用。

一、产业难题

按照国际通用标准，乳过氧化物酶已成为评价巴氏杀菌工艺的重要指标之一。欧盟曾采用乳过氧化物酶阳性作为巴氏杀菌程度上限的判定指标。因此，在不同加工方式的乳制品中，如何快速准确检测乳过氧化物酶含量，是规范奶制品加工工艺、提升奶制品品质的重要举措。

二、技术难题

现有的检测方法主要基于利用酶促反应的颜色变化，

借助分光光度计测定酶活性大小。该方法虽然准确性和灵敏度较高，但操作烦琐，不适用于现场快速检测。因此，针对巴氏杀菌乳等保质期短的产品，亟待开发一种快速、灵敏、准确检测牛奶中乳过氧化物酶活性的关键技术，用于奶及奶制品的现场检测。

三、本标准的主要创新点

基于此现状，奶业创新团队围绕奶及奶制品中乳过氧化物酶检测技术开展科研攻关，研究制定了团体标准《奶及奶制品中乳过氧化物酶的测定》（T/TDSTIA 018—2021）。

本标准的主要创新点：一是建立了牛奶中乳过氧化物酶的快速检测方法，可在 5 min 内通过观察颜色变化实现乳过氧化物酶的定量测定；二是该方法适用于生乳、巴氏杀菌乳和高温杀菌乳中乳过氧化物酶的测定，方法检出限为 50 U/L；三是明确了乳过氧化物酶检测样品的冷冻天数、解冻方式和解冻次数等关键影响因素。

四、成果应用

本方法简便、快速、灵敏，重复性和再现性好，可作为

《食品安全国家标准　巴氏杀菌乳》（建议稿中拟增加"乳过氧化物酶呈阳性"的规定）中乳过氧化物酶的测定方法，解决了奶及奶制品中乳过氧化物酶检测标准缺失难题，为乳品质量安全监测工作提供技术支撑。

注：《奶及奶制品中乳过氧化物酶的测定》

T/TDSTIA 018—2021 标准文本

《奶及奶制品中免疫球蛋白 IgG 的测定 高效液相色谱法》
T/TDSTIA 020—2021

牛奶中免疫球蛋白 G（immunoglobin G，简称 IgG）作为活性乳清蛋白的一种，能够抑制多种细菌和病毒，起到机体防御保护作用，提高摄入者的免疫力。

一、产业难题

IgG 具有热不稳定性，在高于 75℃下会迅速变性。市售巴氏杀菌乳、高温灭菌乳等产品因加工工艺不同，免疫球蛋白 IgG 含量差异较大。因此，在不同加工方式的奶产品中，如何准确检测活性 IgG 的含量，是提高奶制品品质，提振消费者消费信心的重要举措。

二、技术难题

现有检测方法中，《牛初乳及其制品中免疫球蛋白 IgG

的测定 分光光度法》（NY/T 2070—2011）主要通过分光光度法检测牛初乳及其制品中 IgG 含量。《出口牛乳制品中牛免疫球蛋白 IgG 的测定 酶联免疫吸附法》（SN/T 3132—2012）通过酶联免疫吸附法测定出口牛乳制品中 IgG 含量。但是以上标准均只适用于牛初乳产品和添加了牛初乳成分的牛乳制品。目前国内尚无对奶及奶制品中未变性 IgG 的检测方法。因此，建立奶及奶制品中免疫球蛋白 IgG 的高灵敏检测方法一直是制约奶业高质量发展的关键技术难题之一。

三、本标准的主要创新点

基于此现状，奶业创新团队围绕奶及奶制品中的活性 IgG 测定开展科研攻关，研究制定了团体标准《奶及奶制品中免疫球蛋白 IgG 的测定 高效液相色谱法》（T/TDSTIA 020—2021）。

本标准的主要创新点：一是创新使用 Protein G 亲和柱富集净化，解决了其他乳清蛋白干扰难题；二是通过对色谱柱、检测波长、洗脱体系等共计 11 项色谱条件和前处理条件进行优化，实现了对未变性 IgG 的精准定量（图1）。本标准适用于生乳和巴氏杀菌乳,定量限为 80.0 mg/kg,解决了奶及奶制品中免疫球蛋白 IgG 检测方法标准缺失的技术难题。

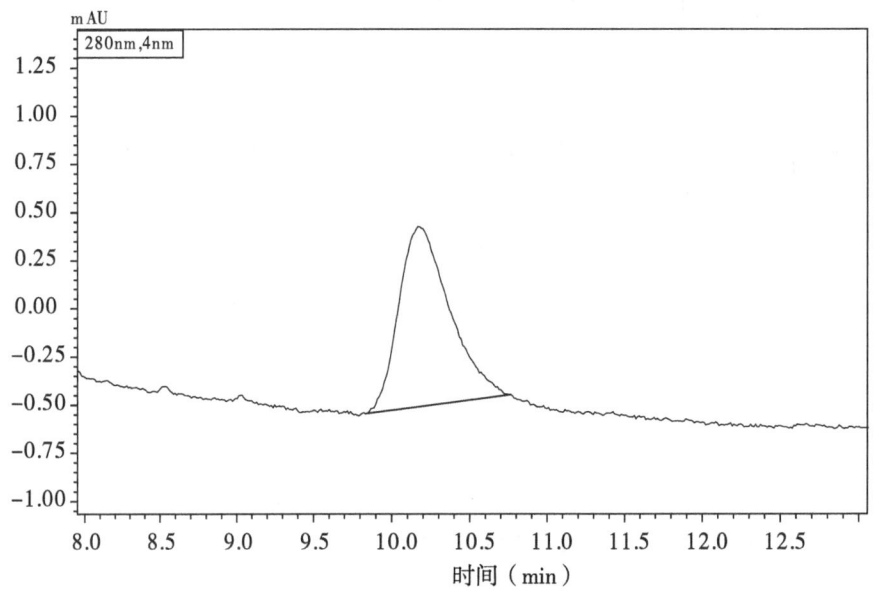

图 1 免疫球蛋白 IgG 高效液相色谱图

四、成果应用

本方法已在全国 28 个省 71 家企业得到了示范应用,生产的优质巴氏杀菌乳产量占到全国的 97% 以上。重庆天友鲜活时速鲜牛奶、光明优倍鲜牛奶、新希望黄金 24 小时鲜牛乳等多款优质乳工程产品已在包装上标明了 IgG 含量(图 2),为国产奶核心竞争力提供了决定性技术支撑。

第四章 奶类营养物质检测方法标准

图 2　国产优质巴氏杀菌乳标识免疫球蛋白 IgG 含量

注：《奶及奶制品中免疫球蛋白 IgG 的测定　高效液相色谱法》

T/TDSTIA 020—2021 标准文本

《乳粉中维生素 K_2（MK-7）的测定 液相色谱法》
T/TDSTIA 022—2021

维生素 K_2（MK-7）作为一种脂溶性维生素，是人体中不可缺少的重要维生素之一。国家卫生健康委员会发布的《关于葡糖淀粉酶等28种"三新食品"的公告（2019年第6号）》和《关于海藻酸钙等食品添加剂新品种的公告（2019年第8号）》中公布了维生素 K_2 可作为食品营养强化剂用于调制乳粉的添加，但仅限于孕产妇乳粉和儿童用乳粉，其允许添加量分别为 340~680 μg/kg、420~750 μg/kg。

一、产业难题

经市场调研，2020年以来已有多家国内外乳粉企业生产富含维生素 K_2 的儿童调制乳粉。添加维生素 K_2 的调制乳粉品类已达总品类的30%。过量摄入维生素 K_2 可能对人体健康带来一定危害。因此，如何准确检测乳粉中维生素 K_2 含量，对于乳制品质量安全具有十分重要的意义。

二、技术难题

现有检测方法中,《保健食品中维生素 K_2 的测定 高效液相色谱法》(T/ZJATA—2020)可用于维生素 K_2 的测定,但仅适用于脂肪含量>1%的保健食品,无法用于乳粉中维生素 K_2 含量的测定。因此,建立适用于乳粉基质中维生素 K_2 含量的检测方法标准非常重要。

三、本标准的主要创新点

基于此现状,奶业创新团队围绕乳粉中的维生素 K_2 检测开展科研攻关,研究制定了团体标准《乳粉中维生素 K_2(MK-7)的测定 液相色谱法》(T/TDSTIA 022—2021)。

本标准的主要创新点:一是针对维生素 K_2 光降解特性,开发了低温旋蒸和遮光处理的前处理步骤,解决了维生素 K_2 降解率高的难题;二是前处理步骤加入脂肪酶,使目标化合物的分解更加彻底;三是本方法适用于调制乳粉中维生素 K_2 含量测定,其检出限低至 1 μg/100 g,定量限低至 3 μg/100 g,呈现出较好的准确度和精密度。

注：《乳粉中维生素 K_2（MK-7）的测定　液相色谱法》

T/TDSTIA 022—2021 标准文本

《婴幼儿配方乳粉中α-乳白蛋白、β-乳球蛋白的测定 凝胶渗透色谱法》
T/TDSTIA 026—2022

α-乳白蛋白（α-lactalbumin）、β-乳球蛋白（β-lactoglobulin）是牛奶中的主要活性蛋白质。α-乳白蛋白在婴幼儿神经系统生长发育过程中起重要作用。β-乳球蛋白支链氨基酸较高，与维生素、脂肪酸有很强的结合能力，促进维生素和脂肪酸的运转效率和利用率。农业农村部奶产品质量安全风险评估实验室（北京）通过细胞模型和小鼠模型，验证了α-乳白蛋白和β-乳球蛋白可以不同程度抑制肺癌、结肠癌、肝癌和乳腺癌。

一、产业难题

α-乳白蛋白、β-乳球蛋白对人体发挥重要的"活性营养"功能，被广泛应用于奶制品和婴幼儿配方食品生产中。因此，在婴幼儿配方乳粉等奶制品中，如何准确检测α-乳白蛋白和β-乳球蛋白含量，是提升奶制品品质、提高国际竞争力的重要措施。

二、技术难题

现有检测方法中,《奶及奶制品中β-乳球蛋白的测定 液相色谱法》(T/TDSTIA 007—2019)和《奶及奶制品中α-乳白蛋白的测定 高效液相色谱法》(T/TDSTIA 002—2021)均采用高效液相色谱法,可实现生乳和巴氏杀菌乳基质中α-乳白蛋白和β-乳球蛋白的测定。但无法实现婴幼儿配方乳粉中α-乳白蛋白和β-乳球蛋白的良好分离。因此,针对婴幼儿配方乳粉样品基质,建立一种同步精准检测2种活性蛋白的方法非常重要。

三、本标准的主要创新点

基于此现状,奶业创新团队围绕婴幼儿配方乳粉中α-乳白蛋白和β-乳球蛋白检测技术开展科研攻关,研究制定了团体标准《婴幼儿配方乳粉中α-乳白蛋白、β-乳球蛋白的测定 凝胶渗透色谱法》(T/TDSTIA 026—2022)。

本标准的主要创新点:一是创新研制凝胶渗透色谱法,

选择 UP-SW3000 尺寸排阻色谱柱，实现 α-乳白蛋白和 β-乳球蛋白较好的分离；二是优化了前处理方法，添加了变性剂盐酸胍和还原剂 β-巯基乙醇，断开蛋白质中的硫-硫（S-S）化学键，形成展开的 α-乳白蛋白和 β-乳球蛋白的单体结构；三是优化了提取方法、静置时间、离心时间、试剂添加量、流速、进样量等9个关键参数，实现了 α-乳白蛋白和 β-乳球蛋白的同步精确定量。本方法婴幼儿配方乳粉中 α-乳白蛋白的定量限为 250.0 mg/kg，β-乳球蛋白的定量限为 500.0 mg/kg。

四、成果应用

利用本标准方法，2022年开展了国产婴幼儿配方乳粉与进口婴幼儿配方乳粉中活性蛋白评估研究。结果显示，国产婴幼儿配方乳粉 α-乳白蛋白和 β-乳球蛋白含量平均值分别为 7 140.5 mg/kg 和 13 162.1 mg/kg，α-乳白蛋白含量显著高于进口产品，用科学数据揭示了"优质奶产自本土奶"。

注：《婴幼儿配方乳粉中 α-乳白蛋白、β-乳球蛋白的测定　凝胶渗透色谱法》T/TDSTIA 026—2022 标准文本

《婴幼儿食品和乳品中骨桥蛋白的测定 高效液相色谱法》 T/TDSTIA 028—2022

骨桥蛋白（osteopontin，OPN）是一种酸性磷酸化糖蛋白，有助于维持肠黏膜屏障、维持肠道结构、调节肠道炎症、细胞黏附、骨重塑、血管生长、草酸钙形成的调节和细胞信号传导。

一、产业难题

骨桥蛋白是一种与免疫保护密切相关的生物活性蛋白，在人乳中含量较高，对婴幼儿免疫调节及肠道发育等具有重要作用。牛乳中的骨桥蛋白含量远低于人乳，因此强化骨桥蛋白的乳基婴幼儿配方食品成为新热点。2023年3月6日，欧盟委员会发布法规（EU）2023/463号条例，批准牛乳骨桥蛋白作为新型食品投放市场。因此，建立乳品中骨桥蛋白检测方法标准，对于规范行业发展，促进产业创新具有十分重要的意义。

二、技术难题

目前，测定骨桥蛋白的方法主要有酶联免疫法（ELISA）和液相色谱-质谱联用法。ELISA方法虽然操作简便，但主要聚焦于人乳骨桥蛋白测定，准确度和灵敏度相对较低。液相色谱-质谱联用法测定骨桥蛋白设备投入成本高、精确性差、受干扰大，特别是产品加工过程中的美拉德反应使得赖氨酸乳糖化修饰，使胰酶作用位点失去特异性，导致特异肽段减少，影响检测准确性。因此，建立婴幼儿食品和乳品中骨桥蛋白的准确测定方法非常重要。

三、本标准的主要创新点

基于此现状，奶业创新团队联合飞鹤乳品有限公司围绕婴幼儿食品和乳品中骨桥蛋白测定方法开展科研攻关，研究制定了国际上首个骨桥蛋白检测方法标准《婴幼儿食品和乳品中骨桥蛋白的测定　高效液相色谱法》（T/TDSTIA 028—2022）。

本标准的主要创新点：一是选择阴离子交换色谱柱作为

分离柱，解决了婴幼儿配方乳粉等不同乳制品前处理过程中骨桥蛋白的分离难题；二是增加了4 mL氯化钙（500 mM）的前处理流程，提高了骨桥蛋白的分离效率；三是进一步优化了提取时间、温度、pH及过滤条件等前处理方式，并建立了高效液相色谱测定方法。本方法适用于生乳、巴氏杀菌乳、灭菌乳、调制乳、乳粉、乳清粉、乳清蛋白粉、乳基婴幼儿配方食品中骨桥蛋白含量的测定。当固体样品称样量为5 g，定容体积为50 mL时，定量限为10.0 mg/100 g。当液体样品称样量为30 g，定容体积为50 mL时，定量限为6.00 mg/100 g（图1）。

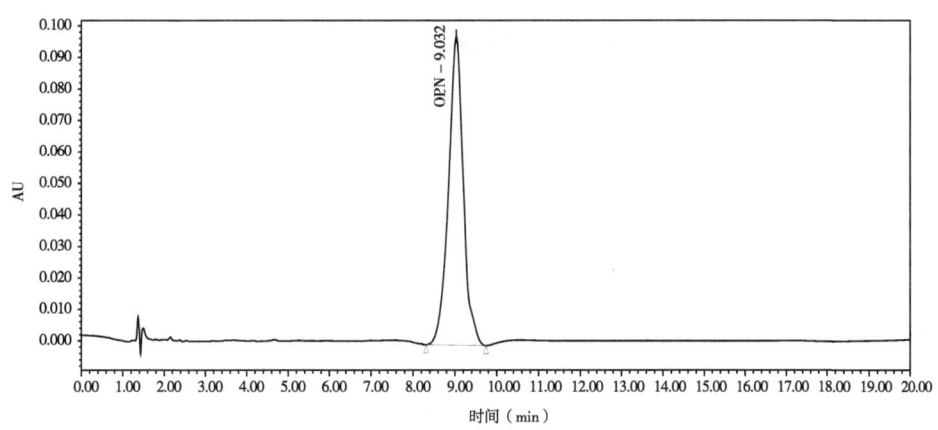

图1　骨桥蛋白标准溶液（250 mg/L）高效液相色谱图

四、成果应用

本方法操作简便、投入成本低、应用普及性高，解决了目前骨桥蛋白在乳制品及婴幼儿配方食品中检测方法缺失的难题，为我国婴幼儿配方乳粉科技创新，提升本土配方乳粉核心竞争力，起到了重要的技术支撑作用。

注：《婴幼儿食品和乳品中骨桥蛋白的测定　高效液相色谱法》
T/TDSTIA 028—2022 标准文本

《婴幼儿配方乳粉中 7 种母乳低聚糖含量的测定　液相色谱-质谱法》
T/TDSTIA 032—2023

母乳低聚糖（human milk oligosaccharides，HMOs）是母乳中含量仅次于乳糖和脂肪的第三大营养素，在支持婴幼儿特征肠道菌群建立和免疫等方面发挥重要作用，其发现、制造与应用对于促进人群健康，尤其在改善婴幼儿健康和营养需求方面具有里程碑式的意义。

一、产业难题

HMOs 已在全球 100 多个国家、地区批准或上市使用，允许用于多种食品中。首款强化 HMOs 的婴幼儿配方乳粉在 2015 年于美国上市。截至 2023 年 6 月 1 日，美国和欧盟已批准应用的 HMOs 有 2'-岩藻糖基乳糖（2'-FL）、3-岩藻糖基乳糖（3-FL）、乳糖-N-四糖（LNT）、乳糖-N-新四糖（LNnT）、3'-唾液酸乳糖（3'-SL）、6'-唾液酸乳糖（6'-SL）以及混合成分 2'-FL/二岩藻糖基乳糖（DFL）7 种。批准的添加水平基于不同国家和地区各自母乳中 HMOs 的含量情况，不同的 HMOs 成分批准使用量因其在母乳中含量水平不同而不同。在我国，已有 2'-FL 等产品进行新食品原料申报，但尚未批准任何 HMOs 作为食品原料使用。因此，如何准确检测婴幼儿配方乳粉中多种母乳低聚糖的含量，对于让消费者"明明白白地消费"具有十分重要的意义。

二、技术难题

由于母乳组成复杂，大量的乳糖与乳脂肪是 HMOs 的分离检测中较大的干扰因素。目前针对 HMOs 的分离方法主要有高效阴离子交换色谱（HPAEC）、多孔石墨化碳色谱（PGC）、毛细管电泳（CE）和高效液相色谱（HPLC），再辅以安培脉冲（PAD）、紫外（UV）、荧光检测器（FLD）或质谱（MS）等以达到将 HMOs 分离检测的目的。由于 HMOs 本身无发色基团，在检测器上灵敏度低，大多需进行衍生反应。但上述方法均存在不同程度的前处理复杂、基质干扰严重、量值准确度差等技术问题。因此，建立一种可通量、快速、准确检测婴幼儿配方乳粉中 7 种母乳低聚糖含量的方法非常重要。

三、本标准的主要创新点

基于此现状，奶业创新团队联合飞鹤乳品有限公司围绕婴幼儿配方乳粉中母乳低聚糖测定方法开展科研攻关，研究制定了国际上首个母乳低聚糖检测方法标准《婴幼儿配方乳粉中7种母乳低聚糖含量的测定 液相色谱-质谱法》（T/TDSTIA 032—2023）。

本标准的主要创新点：一是创新使用了多孔石墨化碳色谱柱（Hypercarb PGC）实现了对7种还原后的HMOs寡糖的良好分离；二是通过改变流动相成分、提高柱温等方式优化了色谱条件，大大提高异构体的分离度与分离稳定性；三是通过截留分子量为10 kDa的超滤管、10 000 r/min 高速离心、添加还原剂硼氢化钠等前处理方式，实现去除蛋白、脂肪、打开糖环等目的，实现目标物的有效分离。本方法对于7种HMOs的检出限低至 1.5~3.0 mg/100 g，定量限低至 5.0~10.0 mg/100 g，具有良好的重复性和再现性。

四、成果应用

本标准方法弥补了HMOs在婴幼儿配方食品中检测方法

空缺的难题,可为监管部门对相关产品的质量检测提供科学依据,解决了检测方法和产品标准脱节的难题。

注:《婴幼儿配方乳粉中 7 种母乳低聚糖含量的测定 液相色谱-质谱法》
T/TDSTIA 032—2023 标准文本